Starta ett hundavelsföretag Bok för nybörjare

Uppfödarens guide till gratis pengar, hund
Affärsartiklar, hantering av tjänstehundar och födsel av valpar

Av Brian Mahoney

Copyright © 20124 Brian Mahoney
Alla rättigheter förbehålls.

Ansvarsfriskrivning

Den här boken är skriven som en guide till att starta företag. Som med alla andra högavkastande åtgärder innebär det en viss risk att starta ett företag. Den här boken är inte avsedd att ersätta bokföring, juridisk, ekonomisk eller annan professionell rådgivning. Om du behöver råd inom något av dessa områden rekommenderas du att anlita en professionell rådgivare.

Även om författaren har försökt att göra informationen i denna bok så korrekt som möjligt, ges ingen garanti för riktigheten eller aktualiteten i någon enskild artikel. Lagar och förfaranden som rör affärsverksamhet förändras ständigt.

Därför ska Brian Mahoney, författaren till denna bok, inte i något fall hållas ansvarig för några särskilda, indirekta eller följdskador eller några som helst skador i samband med användningen av den information som tillhandahålls här.

Alla rättigheter reserverade

Ingen del av denna bok får användas eller reproduceras på något sätt utan skriftligt tillstånd från författaren.

Innehållsförteckning

KKapitel 1 Översikt över hundavel Kapitel 2

Hundens reproduktion och valpning Kapitel

3 Guide till uppfödning av tjänstehundar

Kapitel 4 Hunduppfödning - tillbehör och utrustning

Kapitel 5 Att komma igång med företagande steg för steg

Kapitel 6 Bästa sättet att skriva en affärsplan

Kapitel 7 Företagsförsäkring

Kapitel 8 Guldgruva av statliga bidrag

Kapitel 9 Kolossala pengar från crowd funding

Kapitel 10 Marknadsföring Hur man når en miljard människor gratis!

Kapitel 11 HUNDAVEL WEBBRESURSGUIDE

Kapitel 1
Hundavel
Översikt

Översikt över hundavel

HUNDUPPFÖDNING

Amerikanska hunduppfödarföreningen

American Dog Breeders Association, Inc. startades i september 1909 som en förening för flera raser. Den sittande presidenten, Guy McCord, var en ivrig älskare och uppfödare av American Pit Bull Terrier och var nära vän med John P. Colby. Mr Colby var stöttepelaren i A.D.B.A., som kunde skryta med att vara "hemmets" registreringskontor för Colbys hundar. Alla medlemmar med gott anseende kunde registrera sina hundar och kullar hos registreringsavdelningen mot en årlig avgift på 2,50 USD. Det verkar som om den exklusiva medlemsidén gradvis ersattes av ett öppet register för alla ägare och uppfödare av renrasiga hundar. Med tiden kom föreningen att fokusera på registreringen av amerikansk pitbullterrier.

Översikt över hundavel

A.D.B.A. övergick från Mr McCord till Mr Frank Ferris år 1951. Han, tillsammans med sin fru Florence Colby, (fru till framlidne John P. Colby) fortsatte att driva A.D.B.A. i begränsad skala, men med allt större tonvikt på registrering av enbart rasen A.P.B.T.

År 1973 köpte Ralph Greenwood och hans familj, på rekommendation av Howard Heinzl, A.D.B.A. av Mr Ferris, som på grund av sin höga ålder hade gått i pension. (Mr Heinzl var en personlig vän till Frank Ferris och en varm anhängare av A.D.B.A., eftersom han registrerade sina hundar uteslutande hos A.D.B.A.) Vi önskar ofta att Frank hade fått uppleva hur den nuvarande föreningen växte fram. Han skulle ha varit nöjd.

Föreningen fortsätter att växa i USA och i andra länder utomlands. American Dog Breeders Association Inc. är det största registreringskontoret för American Pit Bull Terrier och accepterar nu även andra renrasiga hundar, vanligtvis bruksraser.

Från och med den 27 oktober 2006 öppnar registret sin stambok för att ta emot andra renrasiga hundar.

Översikt över hundavel

Vad är hundavel?

Hundavel innebär att man parar utvalda hundar i syfte att bibehålla eller skapa specifika kvaliteter och egenskaper. När hundar reproducerar sig utan mänsklig inblandning bestäms deras avkommors egenskaper av det naturliga urvalet, medan "hundavel" specifikt avser artificiell selektion av hundar, där hundar avsiktligt avlas av sina ägare. En person som avsiktligt parar hundar för att få fram valpar kallas för hunduppfödare. Avel bygger på vetenskapen om genetik, så uppfödaren med kunskap om hundars genetik, hälsa och den avsedda användningen av hundarna försöker avla fram lämpliga hundar.

Översikt över hundavel

Historia

Tre generationer av "Westies" i en by i Fife, Skottland

Människan har sedan förhistorisk tid upprätthållit populationer av nyttodjur i närheten av sina boplatser. De har avsiktligt matat hundar som ansetts användbara, medan de försummat eller dödat andra, och därigenom etablerat ett förhållande mellan människor och vissa typer av hundar under tusentals år. Under dessa årtusenden har de domesticerade hundarna utvecklats till olika typer eller grupper, t.ex. boskapsvaktande hundar, jakthundar och jakthundar. Artificiellt urval inom hundaveln har påverkat hundarnas beteende, form och storlek under de senaste 14 000 åren.

Utvecklingen av hundar från vargar är ett exempel på neoteni eller urval genom pedomorfism, som resulterar i att juvenila fysiska egenskaper bibehålls. Jämfört med vargar har många vuxna hundraser kvar sådana juvenila egenskaper som mjuk, luddig päls, runda bålar, stora huvuden och ögon, öron som hänger ner snarare än står upprätt etc.; egenskaper som delas av de flesta juvenila däggdjur och därför i allmänhet framkallar en viss grad av skyddande och vårdande beteende över artgränserna från de flesta vuxna däggdjur, inklusive människor, som kallar sådana egenskaper "söta" eller "tilltalande".

Översikt över hundavel

Det har visat sig att dessa egenskaper t i l l och med kan få en vuxen varghona att agera mer defensivt mot hundvalpar än mot vargvalpar. Exemplet med neoteni hos hundar går ännu längre, eftersom de olika hundraserna neoteniseras på olika sätt beroende på vilken typ av beteende som valts.

För att upprätthålla dessa skillnader har människan avsiktligt parat hundar med vissa egenskaper för att uppmuntra dessa egenskaper hos avkomman. Genom denna process har hundratals hundraser utvecklats. Ursprungligen var ägandet av brukshundar, och senare renrasiga hundar, ett privilegium för de rika. Numera har många människor råd att köpa en hund. Vissa uppfödare väljer att föda upp renrasiga hundar, medan andra föredrar att föda en kull valpar till ett hundregister, till exempel kennelklubben, för att registrera den i stamböcker som de som förs av AKC (American Kennel Club).

Sådana register upprätthåller register över hundars härstamning och är vanligtvis anslutna till kennelklubbar. Att upprätthålla korrekta uppgifter är viktigt för avel av renrasiga hundar. Tillgång till register gör det möjligt för en uppfödare att analysera stamtavlorna och förutse egenskaper och beteenden.

Översikt över hundavel

Kraven för avel av registrerade renrasiga hundar varierar mellan olika raser, länder, kennelklubbar och register. Man har dragit slutsatsen att "resultaten tyder på att när människan gjorde selektiv avel, krossade den nosen på vissa hundraser, men den förvandlade också deras hjärnor" (Scientific American, 2010). Uppfödare måste följa den specifika organisationens regler för att få delta i dess program för bevarande och utveckling av rasen. Reglerna kan gälla hundarnas hälsa, t.ex. röntgen av leder, höftledsintyg och ögonundersökningar; arbetsegenskaper, t.ex. att klara ett särskilt prov eller att prestera på ett prov; allmän exteriör, t.ex. att en hund utvärderas av en rasexpert. Många register, särskilt de i Nordamerika, är dock inte polisiära organ som utesluter hundar med dålig kvalitet eller hälsa. Deras huvudsakliga funktion är helt enkelt att registrera valpar som föds av föräldrar som själva är registrerade.

Översikt över hundavel

Kritiken

Vissa hundar har vissa ärftliga egenskaper som kan utvecklas till ett funktionshinder eller en sjukdom. Höftledsdysplasi hos hund är ett sådant tillstånd. Vissa ögonavvikelser, vissa hjärtsjukdomar och vissa fall av dövhet har visat sig vara ärftliga. Det har gjorts omfattande studier av dessa tillstånd, vanligen sponsrade av rasklubbar och hundregister, medan specialiserade rasklubbar tillhandahåller information om vanliga genetiska defekter för sina raser. Dessutom samlar särskilda organisationer, såsom Orthopedic Foundation for Animals, in data och tillhandahåller den till uppfödare och till allmänheten. Tillstånd som höftledsdysplasi kan påverka vissa raser mer än andra.

Vissa register, t.ex. American Kennel Club, kan inkludera en uppgift om frånvaro av vissa genetiska defekter, ett s.k. certifikat, i en enskild hunds register. Till exempel är den nationella rasklubben för schäferhund i Tyskland ett register som erkänner att höftledsdysplasi är en genetisk defekt för hundar av denna ras.

Översikt över hundavel

Därför krävs det att alla hundar ska genomgå en bedömning av avsaknad av höftledsdysplasi för att deras avkommor ska kunna registreras, och resultaten registreras i de enskilda hundarnas stamtavlor.

Det finns BBC-dokumentärer med titlarna "Pedigree Dogs Exposed" och "Pedigree Dogs Exposed - Three Years On" som hävdar att hälsoproblem hos hundar beror på inavel. Problem som andningsproblem hos mopsrasen och pekingeserrasen, ryggproblem hos taxrasen och syringomyeli hos Cavalier King Charles Spaniel-rasen.

Vissa vetenskapliga forskare hävdar att framsteg inom artificiell reproduktionsteknik för hundavel kan vara till hjälp men också ha "skadliga effekter" när de överanvänds i stället för principerna för naturligt urval. Dessa forskare efterlyser en djupare förståelse av det naturliga urvalet, vilket leder till ett mer naturalistiskt förhållningssätt inom hundavel.

Översikt över hundavel

Renrasig hund

En renrasig hund avser vanligtvis en hund av en modern hundras med en dokumenterad stamtavla i en stambok och kan vara registrerad i en rasklubb som också kan vara en del av en nationell kennelklubb.

Renrasig hund kan också användas på ett annat sätt för att hänvisa till hundar av specifika hundtyper och landraser som inte är moderna raser. Biologen Raymond Coppinger ger ett exempel på en italiensk herde som bara behåller de vita valparna från sin herdehunds kullar och avlivar resten, eftersom han definierar de vita valparna som renrasiga. Coppinger säger: "Herdens definition av renrasig är inte fel, den skiljer sig helt enkelt från min." Den vanliga definitionen är dock den som omfattar moderna raser.

Registrering

Renrasiga hundar är stambokförda medlemmar av moderna raser. Dessa hundar kan vara registrerade i en rasklubb. Rasklubbarna kan vara en öppen stambok eller en sluten stambok, termen kan tolkas till båda. Vanligtvis är rasklubben också associerad med en kennelklubb (AKC, UKC, CKC etc.). Hundar som är registrerade i en rasklubb kallas dock vanligen "registrerade".

Översikt över hundavel

Vissa använder begreppet uteslutande för en hund som också har registrerats hos en rasklubb, men oftare används det helt enkelt som en generisk term för att hänvisa till hundar som har kända stamtavlor inom en standardiserad ras. Att en hund är renrasig kan inte tolkas som att det är en hund av hög kvalitet. Det är ingen reflektion över kvaliteten på hundens hälsa, temperament eller skarpsinne, utan bara en hänvisning till att hunden har känd härstamning enligt uppfödaren. Även om vissa rasklubbar nu kan garantera härstamning genom DNA-testning måste alla rasklubbar för det mesta förlita sig uteslutande på uppfödarens ord och val av härstamning. Under kennelklubbskonceptets tidiga år var detta inte ett problem eftersom hundavel endast bedrevs bland de extremt rika och deras rykte stod på spel. Men i denna moderna avelsålder måste man vara medveten om att även en DNA-bevisad renrasig och registrerad mästare som har vunnit nationella tävlingar kan ha allvarliga hälsoproblem.

Översikt över hundavel

Den slutna stamboken kräver att alla hundar härstammar från en känd och registrerad uppsättning förfäder; detta resulterar i en förlust av genetisk variation över tid, liksom en mycket identifierbar rastyp, vilket är grunden för sporten för exteriörutställning. För att förstärka specifika egenskaper är de flesta moderna renrasiga hundar som är registrerade med slutna stamböcker starkt inavlade, vilket ökar risken för genetiskt baserade sjukdomar.

Den öppna stamboken, vilket innebär att viss utkorsning kan accepteras, används ofta i register för v a l l h u n d a r, jakthundar och brukshundar (med brukshundar menas polishundar, assistanshundar och andra hundar som arbetar direkt med människor, inte med vilt eller boskap) för hundar som inte också ägnar sig åt utställningssporten. Korsningar med andra raser och avel för arbetsegenskaper (snarare än avel för utseende) antas resultera i en friskare hund. Överanvändning av en viss avelshund på grund av att hundens arbetsstil eller utseende är önskvärt leder till en minskning av den genetiska mångfalden, oavsett om rasen använder en öppen eller en sluten stambok.

Översikt över hundavel

Jack Russell Terrier Club of America säger: "Inavel gynnar såväl goda gener som skadliga gener." Vissa raser med öppen stambok, t.ex. Jack Russell Terrier, har strikta begränsningar för inavel.

Korsningar av hundar

Hundkorsningar (första generationens korsningar av två renrasiga hundar, även kallade hundhybrider) är inte raser och anses inte vara renrasiga, även om korsningar av samma två renrasiga raser kan ha "identiska egenskaper", liknande vad som kan förväntas av avel mellan två renrasiga hundar, men med större genetisk variation. Korsningar är dock inte avelsmässiga (vilket innebär att avkomman uppvisar konsekventa, replikerbara och förutsägbara egenskaper) och kan endast reproduceras genom att man återgår till de ursprungliga två renrasiga raserna.

Bland raser av jakt-, vall- eller brukshundar i öppna stamboksregister kan en korsningshund registreras som medlem av den ras den är närmast besläktad med om hunden fungerar på rasens sätt.

Översikt över hundavel

Vissa jakt-, vall- eller brukshundsregister accepterar blandrashundar (dvs. hundar med okänt ursprung) som medlemmar i rasen om de arbetar på rätt sätt och registreras på meriter.

Blandras

För blandraser (okänd ärftlighet), korsningar (från två olika renrasiga raser) eller på annat sätt oregistrerade renrasiga sällskapshundar finns det många små registerföretag på internet som mot betalning kan certifiera vilken hund som helst som renrasig, oavsett vad man vill hitta på.

Nya hundraser skapas dock ständigt på laglig väg, och det finns många webbplatser för nya rasföreningar och rasklubbar som erbjuder lagliga registreringar av nya eller sällsynta raser. När hundar av en ny ras är "synbart lika i de flesta egenskaper" och har en tillförlitlig dokumenterad härstamning från en "känd och utpekad grundstam" kan de betraktas som medlemmar av en ras, och om en enskild hund är dokumenterad och registrerad kan den kallas renrasig. Endast dokumentation av härstamningen från en ras grundstam avgör om en hund är en renrasig medlem av en ras eller inte.

Översikt över hundavel

Showhund

Termen utställningshund används vanligen på två olika sätt. För människor inom hundvärlden är en utställningshund en exceptionell renrasig hund som överensstämmer med rastypen och som är utåtriktad och har hög energi. För människor som inte har något intresse av hundutställningar används termen "showdog" ofta skämtsamt för att hänvisa till en hund vars enda attribut är dess utseende.
Raymond Coppinger säger: "Den senaste tidens avelsmode för renrasiga hundar är helt utom kontroll."

Hundutställningar (och den relaterade sporten Junior Handling för barn och u n g d o m a r) fortsätter att vara populära aktiviteter; en enda utställning, Crufts 2006, hade 143.000 åskådare, med 24.640 renrasiga hundar anmälda, representerande 178 olika raser från 35 olika länder. Utställningssporten är endast öppen för registrerade renrasiga hundar.

Översikt över hundavel

Hälsofrågor

Genetiska sjukdomar är ett särskilt problem för hundar från register vars stamböcker är stängda. Många nationella kennelklubbar förbjuder registrering av hundar som har eller bär på vissa genetiska sjukdomar. Några av de vanligaste sjukdomarna är höftledsdysplasi, som förekommer hos hundar av stora raser, von Willebrands sjukdom, en sjukdom som påverkar blodplättarna och som är ärftlig hos dobermann pinscher, entropion, en inrullning av ögonlocket som förekommer hos shar peis och många andra raser, progressiv retinal atrofi, som är ärftlig hos många raser, dövhet och epilepsi, som är känd som ärftlig hos belgisk herdehund, tysk h e r d e h u n d, cocker spaniel och sankt bernhardshund. År 2008 sände BBC en dokumentär om hälsoproblemen hos stamtavlehundar.

Översikt över hundavel

Framtiden för renrasiga hundar

De flesta Kennelklubbsraser som finns idag valdes ut från befintliga lantraser i slutet av 1800-talet. Hur dessa hundar ser ut nu har dock anpassats för att passa in i rasklubbens valda beskrivning av dem. För att göra detta krävdes selektiv avel och rigorös utslaktning. Detta skapade en genetisk flaskhals som vissa människor tror kommer att göra avel från slutna stamböcker inte livskraftig. Förslag till förbättringar har bland annat varit utkorsning (öppna stamböcker) samt mätning och reglering av inavel. Det finns uppfödare som är noga med att se till att de hundar de avlar på inte har parats med för många andra hundar, så att den genetiska poolen inte krymper genom att alla avlar på en populär hingst. Det finns en hel del som bara avlar två "pappershundar" och antar att det är allt de behöver göra.

Men vetenskapen blir hela tiden bättre och gör det möjligt för uppfödare att testa för genetiska sjukdomar. Tidigare kunde uppfödarna bara upptäcka djur som var sjuka, men nu kan man göra DNA-tester och bara avla på djur som inte har drabbade gener för att få fram starkare raser.

Kapitel 2
Hundens fortplantningsförmåga
och valpning

Välkommen till denna omfattande guide om reproduktion och valpning hos hundar. Här går vi igenom de viktigaste processerna och övervägandena för en lyckad avels- och förlossningsupplevelse.

1. Förståelse av hundens reproduktiva anatomi

Hanhundar:
De primära fortplantningsorganen är testiklarna, som producerar spermier och testosteron.

Penisen innehåller bulbus glandis, som sväller under parningen och säkerställer en "slips" för effektiv reproduktion.

Hundar av honkön:
De viktigaste organen är äggstockarna, livmodern och slidan.

Honan genomgår en brunstcykel (brunst) som består av fyra faser: proöstrus, östrus, diöstrus och anöstrus.

2. Den östrala cykeln

Proöstrus (9 dagar i genomsnitt):
Svullnad i vulva och blodiga flytningar. Honorna lockar till sig hanarna men är inte mottagliga.

Östrus (5-13 dagar):
Ägglossning sker och kvinnan är fertil och mottaglig.
Flytningarna blir lättare och vulvan förblir svullen.

Diöstrus (2 månader om du inte är gravid):
Hormonnivåerna stabiliseras och kvinnan är inte längre mottaglig.

Anöstrus (4-5 månader):
Viloperiod före nästa cykel.

3. Parning

Naturlig parning: Hanhundar och tikar tillåts interagera naturligt. "Bindningen" uppstår när bulbus glandis sväller och låser fast hundarna i varandra tillfälligt.

Artificiell insemination: Används när naturlig parning inte är möjlig. En veterinär samlar in spermier och placerar dem i honans fortplantningsorgan.

4. Graviditet

Dräktigheten varar 58-68 dagar (genomsnitt: 63 dagar). Tecken på graviditet:
Förstorad buk. Ökad
aptit.
Beteendeförändringar (mer tillgiven eller tillbakadragen).
Bröstvårtorna förstoras och kan bli mörkare.

Bekräftelse från veterinär:

Ultraljud (från 21-25 dagar).
Röntgen (från dag 45 för att bedöma antalet valpar).

5. Förberedelser inför valpning

Skapa en valpbox:
Tillräckligt stor för att dammen ska kunna sträckas ut bekvämt.
Låga väggar för enkel åtkomst men tillräckligt höga för att stänga in valpar.
Mjuka, rena sängkläder.

Samla ihop
förnödenheter: Rena handdukar.
Värmedyna (på låg temperatur) eller värmelampa. Bulbspruta (för att rensa valparnas luftvägar). Handskar för engångsbruk.
Sterila saxar och navelsträngsklämmor.

Övervaka dammen:
Mät rektaltemperaturen två gånger dagligen under den sista veckan. En sänkning till 98-99°F indikerar att förlossningen kommer att starta inom 24 timmar.

6. Valpningsprocessen

Steg 1: Förberedelser (6-12 timmar):

Rastlöshet, flämtningar, häckning och aptitlöshet. Livmoderhalsen vidgas och sammandragningarna börjar.

Steg 2: Leverans (6-12 timmar eller mer):

Valparna föds med cirka 30-60 minuters mellanrum.
Varje valp är omsluten av en fostersäck, som förlossningen ska bryta.

Hjälp till vid behov:

Bryt säcken försiktigt och rensa valpens näsa och mun.
Stimulera andningen genom att gnugga med en ren handduk.

Steg 3: Efter förlossningen:

Moderkakan stöts ut för varje valp.
Se till att dammen inte äter för många placentor, eftersom det kan orsaka magbesvär.

7. Skötsel av dammen

efter hjälpen:
Övervaka tecken på infektion (illaluktande flytningar, feber, slöhet).
Tillhandahålla näringsrik mat och färskt vatten.
För valpar:
Kontrollera värmen (valpar kan inte reglera sin temperatur i början).
Se till att varje valp diar inom de första 2 timmarna för att få i sig råmjölk.
Observera viktuppgång (dagliga vägningar rekommenderas).

8. Felsökning

Dystoki (svår förlossning):
Sök veterinärhjälp om:
Förlossningen överstiger 2 timmar utan valp. En valp har fastnat i förlossningskanalen.
Grön urladdning uppträder utan valpar.

Valpfrågor:
Svaga eller okontaktbara valpar kan behöva varsam stimulering och värme.

9. Långtidsvård

Socialisera valparna tidigt och boka in deras första veterinärbesök vid 6-8 veckors ålder för vaccinationer och hälsokontroller.
Avvänj valparna gradvis mellan 3-4 veckor.

Genom att följa dessa steg kan du säkerställa en säker och hälsosam upplevelse för både mamman och hennes valpar.

Neonatalvård och valphälsa är viktiga aspekter av hundavel. Här är några överväganden:

Neonatalvård:

Temperaturkontroll: Håll uppfödningsområdet varmt (ca 85-90 °F) för nyfödda valpar eftersom de inte kan reglera sin kroppstemperatur i början.

Utfodring: Valpar bör dia inom några timmar efter födseln för att få i sig råmjölk, som ger viktiga antikroppar.

Hygien: Håll valpområdet rent och torrt för att förhindra infektioner.

Övervakning: Övervaka valparna för att upptäcka tecken på oro, sjukdom eller att de inte mår bra.

Hälsoaspekter för valpar:

Vaccinationer: Följ det vaccinationsschema som rekommenderas av din veterinär för att skydda valparna mot vanliga sjukdomar.

Avmaskning: Avmaska valpar regelbundet för att kontrollera inälvsparasiter.

Näring: Ge en balanserad kost som är lämplig för ålder och ras för att stödja tillväxt och utveckling.

Socialisering: Utsätt valpar för olika miljöer, människor och upplevelser för att främja socialisering och minska beteendeproblem.

Hälsokontroller: Boka regelbundna hälsokontroller hos en veterinär för att upptäcka och åtgärda eventuella hälsoproblem i ett tidigt skede.

Att säkerställa korrekt neonatalvård och ta itu med valparnas hälsoaspekter bidrar till att uppfostra friska och glada hundar, vilket är avgörande för ett framgångsrikt hunduppfödningsföretag.

Förberedelser inför avelscykler och parningsprocedurer

Förståelse för avelscykeln:

Lär dig den specifika rasens reproduktionscykel och egenskaper.

Bekanta dig med de fyra stadierna i hundens brunstcykel: proöstrus, östrus, diöstrus och anöstrus.

Övervaka dina tikar för tecken på beredskap, t.ex. beteendeförändringar och fysiska indikatorer som svullnad och flytningar i vulva.

Hälsokontroller och genetiska tester:

Boka veterinärundersökningar före aveln för att säkerställa att båda hundarna är i optimal hälsa.

Genomföra genetiska tester för att identifiera eventuella ärftliga problem som kan föras vidare till avkomman.

Uppdatera vaccinationer och se till att båda hundarna är fria från parasiter eller smittsamma sjukdomar.

Skapa en avelsplan:

Planera den perfekta tidpunkten för parning baserat på honans brunstcykel, vanligtvis runt dag 9-14 i östrus.

För register över hundarnas härstamning, hälsohistoria och tidigare kullar för att undvika inavel.

Definiera avelsmål, t.ex. att förbättra specifika egenskaper eller uppfylla rasstandarder.

Förbereda miljön:

Skapa ett lugnt och stressfritt område där parningsprocessen kan äga rum.
Se till att utrymmet är rent och fritt från distraktioner eller potentiella faror.
Tillhandahåll ett bekvämt område där honan kan vila efter parningen.

Parningsprocedurer:

Introducera hundarna i ett kontrollerat, neutralt utrymme för att minimera revirbeteenden.
Observera parningsprocessen för att säkerställa säkerhet och korrekt inkoppling, särskilt under bindningsfasen, som kan pågå i 5-30 minuter.
Undvik att störa hundarna under parningen för att minska stress eller skador.

Skötsel efter parning:

Övervaka kvinnan för tecken på graviditet, t.ex. förändringar i aptit, beteende eller fysiskt tillstånd.

Boka in ett uppföljande veterinärbesök för att bekräfta dräktigheten med ultraljud eller palpation.

Anpassa kvinnans kost- och motionsvanor för att stödja en hälsosam graviditet.

Att inkludera detaljerade råd, checklistor och tips från erfarna uppfödare kan öka kapitlets värde för läsare som startar sin egen hunduppfödningsverksamhet.

Kapitel 3 Guide till Uppfödning av tjänstehundar

Att föda upp servicehundar är ett målmedvetet och specialiserat arbete som kräver en djup förståelse för genetik, temperament och träning. Här är en strukturerad guide för att säkerställa att du tar dig an detta på ett ansvarsfullt och etiskt sätt:

1. Förstå servicehundarnas roll

Servicehundar hjälper personer med funktionsnedsättning genom att utföra specifika uppgifter. Vanliga typer inkluderar:

Ledarhundar för synskadade personer.
Hörselhundar för personer med hörselnedsättning.
Rörelseassistanshundar för fysiska funktionsnedsättningar. Psykiatriska servicehundar för stöd vid psykisk ohälsa.

Varje roll kräver unika egenskaper, och ditt avelsprogram måste inriktas på lämpliga fysiska och beteendemässiga egenskaper.

2. Välj lämpliga raser

Vissa raser används ofta på grund av sin intelligens, sitt temperament och sin träningsbarhet:

Labrador Retrievers: Vänlig, anpassningsbar och ivrig att behaga.
Golden Retrievers: Intelligent och mild.
Schäferhundar: Lojal och disciplinerad. Pudlar: Allergivänlig med hög intelligens.

Den ras du väljer bör överensstämma med de specifika servicehundsuppgifter som du avser att stödja.

3. Bedöma avelsbeståndet

Dina avelshundar måste ha följande egenskaper:

God hälsa: Genomför hälsoundersökningar för vanliga genetiska sjukdomar (t.ex. höftledsdysplasi, ögonproblem eller hjärtsjukdomar).
Stabilt temperament: Undvik hundar med ångest, aggressivitet eller extrem blyghet.
Bevisad stamtavla: Välj hundar från linjer med en historia av framgångsrika servicedjur.

Se till att alla hundar uppfyller rasstandarder och klarar beteendeutvärderingar.

4. Temperamentstest

Börja tidigt med temperamentsbedömningar:

Puppy Aptitude Test (PAT) vid 7-8 veckors ålder: Mäter nyfikenhet, social attraktion, ljudkänslighet och skrämselreaktion.
Observationer av beteenden: Titta efter motståndskraft, fokus och vilja att lära sig.

5. Utbildningspotential

Ditt mål är att producera hundar med:

Intelligens: Snabb inlärningsförmåga som kan anpassa sig till komplexa uppgifter.
Lugnt uppträdande: Bekvämlighet i miljöer med hög stressnivå.
Förmåga till socialt umgänge: Förmåga att interagera väl med människor och andra djur.

Tidig socialisering med olika miljöer, ljud och människor är mycket viktigt.

6. Följ etiska metoder

Begränsa avelsfrekvensen: Skydda hälsan hos dina avelsdjur.
Följ gällande bestämmelser: Kontrollera lokala, statliga och federala lagar om djuruppfödning.
Öppenhet: Tillhandahålla fullständiga uppgifter om hälsa och härstamning till köpare eller organisationer.

7. Samarbeta med utbildare och organisationer

Samarbete är nyckeln. Samarbeta med erfarna tränare, veterinärer och tjänstehundsorganisationer för att:

Se till att valparna matchas till lämpliga träningsprogram.
Få feedback för att förbättra dina avelsmetoder.

8. Plan för olämpliga hundar

Alla valpar uppfyller inte kriterierna för servicehundar. Ha en plan för:

Adoption till kärleksfulla djurhem.
Alternativa roller: Terapidjur eller djur för känslomässigt stöd.

9. Investera i fortbildning Håll dig

informerad om:

Framsteg inom genetik och avelsmetoder.
Utvecklade krav på servicehundens uppgifter.
Forskning om hälsa och beteende.

Genom att följa dessa steg kan du på ett meningsfullt sätt bidra till att skapa servicehundar som förändrar liv.

Kapitel 4
Förnödenheter för hundavel & Utrustning

Hundavel - tillbehör & utrustning

Kant för husdjur

PetEdge är en ledande leverantör av groomingtillbehör och rabatterade husdjursprodukter.

Pet Edge ger dig tillgång till över 12 000 nationella och exklusiva PetEdge-varumärken via sina kataloger och sin webbplats.

http://goo.gl/R9DDto

ValleyVet

Oavsett om du letar efter receptbelagda läkemedel, vacciner, parasitkontroll, stängselmaterial, tackor, ett par nya stövlar eller något däremellan, behöver du inte leta längre än ValleyVet som erbjuder över 23 000 produkter!

https://urlzs.com/hh2ro

Hundavel - tillbehör & utrustning

Exodus Uppfödare

Exodus Breeders erbjuder reproduktionsmaterial som

- Inseminationssatser
- Förbrukningsmaterial för blodtappning
- Express transport av sperma från hund
- Kennelhantering & tillbehör
- Ovulationskit och ägglossningsdetektor
- Alla steriliserade sprutor och kanyler av plast
- Återupplivningssats för valp
- Material för insamling av sperma
- Frysning av sperma, utrustning för

hantering och mycket mycket mer!

https://www.exodusbreeders.com/

Hundavel - tillbehör & utrustning

A till Z veterinärtillbehör

A to Z vet supply har över 50 000 produkter. Spara på allt du behöver för hundavel när du köper hundaveltillbehör direkt från A to Z Vet Supply. De gör det överkomligt och bekvämt att fylla på kvalitetsvårdsprodukter, mediciner, sängkläder och andra kenneltillbehör.

A to Z Vet Supply är också din enda resurs för valptillbehör, från avelstillskott till graviditetstest till vacciner för valparna.

De erbjuder också:

- Produkter för bekämpning av loppor och fästingar
- D-maskar
- Halsband och leasingavtal
- Kosttillskott / Näringsprodukter
- Hjälpmedel för utbildning
- Leksaker och godis
- ID-system

https://urlzs.com/kYMf1

Hundavel - tillbehör & utrustning

Komplett lista över erkända hundraser

Amerikanska Kennelklubben

American Kennel Club är dedikerad till att upprätthålla integriteten i sitt register, främja sporten för renrasiga hundar och avla för typ och funktion. AKC® och dess anslutna organisationer grundades 1884 och förespråkar den renrasiga hunden som familjemedlem, främjar hundars hälsa och välbefinnande, arbetar för att skydda alla hundägares rättigheter och främjar ansvarsfullt hundägande.

Inte bara kan du få en lista över alla erkända hundraser utan från denna webbplats kan du:

- Få produkter och tjänster för hundträning
- Hitta valpar
- Handla nya produkter
- Engagera dig i idrottsevenemang
- Registrera din hund

http://www.akc.org/dog-breeds/

Hundavel - tillbehör & utrustning

Hundträningstillbehör

http://www.dog-training.com/

http://www.roverpet.com/

http://www.dogsupplies.com/

http://www.petwholesaler.com/index.php

http://www.happytailsspa.com/

http://www.futurepet.com/

http://www.petmanufacturers.com/

http://www.k9bytesgifts.com/

http://www.kingwholesale.com/

http://www.upco.com/

Hundavel - tillbehör & utrustning

CERTIFIERINGSPROGRAM

Certifieringsrådet för professionella hundtränare

Certification Council for Professional Dog Trainers® (CCPDT®) är den ledande oberoende test- och certifieringsresursen för professionella inom hundträning och beteende. De sätter den globala standarden för utvecklingen av rigorösa prov för att visa att man behärskar humana, vetenskapligt baserade hundträningsmetoder. De är en privat, icke-vinstdrivande organisation.

http://www.ccpdt.org/

Föreningen för professionella hundtränare

Oavsett om du precis har påbörjat en karriär inom hundträning, är en erfaren branschveteran eller bara försöker bestämma dig för hur du bäst ska få en hund till din familj, är APDT den organisation där du hittar de råd, det stöd och den utbildning du behöver.

https://apdt.com/join/certification/

Kapitel 5
Komma igång med Företagande steg för steg

Att komma igång med verksamheten

Det finns över trettio miljoner hemmabaserade företag bara i USA.

Många människor drömmer om självständighet och ekonomisk belöning för att ha ett hemföretag. Tyvärr låter de analysförlamning hindra dem från att vidta åtgärder. Detta kapitel är utformat för att ge dig en vägkarta för att komma igång. Det svåraste steget i varje resa är det första steget.

Anthony Robbins skapade ett program som heter Personal Power. Jag studerade programmet för länge sedan, och idag skulle jag sammanfatta det med att säga att du måste komma på ett sätt att motivera dig själv att vidta massiva åtgärder utan rädsla för att misslyckas.

2 Timoteus 1:7 King James Version

"Ty Gud har icke givit oss fruktans ande, utan maktens och kärlekens och det sunda sinnets ande."

Att komma igång med verksamheten

STEG #1 SKAPA ETT KONTOR I DITT HUS

Om du menar allvar med att tjäna pengar, gör då om mannens grotta eller kvinnans grotta och skapa en plats där du kan göra affärer utan avbrott.

STEG 2 BUDGETERA TID FÖR DITT FÖRETAG

Om du redan har ett jobb, eller om du har barn, så kan de ta upp en stor del av din tid. För att inte tala om välmenande vänner som använder telefonen för att bli tidstjuvar. Budgetera tid för ditt företag och håll dig till den.

STEG #3 BESTÄM VILKEN TYP AV VERKSAMHET DU VILL BEDRIVA

Du behöver inte vara stelbent, men börja med målet i sikte. Du kan bli mer flexibel i takt med att du får mer erfarenhet.

Att komma igång med verksamheten

STEG #4 JURIDISK FORM FÖR DITT FÖRETAG

De tre grundläggande juridiska formerna är enskild firma, handelsbolag och aktiebolag. Var och en har sina fördelar. Gå till www.Sba.gov och lär dig mer om var och en och fatta ett beslut.

STEG 5 VÄLJ ETT FÖRETAGSNAMN OCH REGISTRERA DET

Ett av de säkraste sätten att välja ett företagsnamn är att använda ditt eget namn. Genom att använda ditt eget namn behöver du inte oroa dig för brott mot upphovsrätten.

Rådgör dock alltid med en advokat eller annan behörig juridisk myndighet när du hanterar juridiska frågor.

Att komma igång med verksamheten

STEG #6 SKRIV EN AFFÄRSPLAN

Det här verkar vara en självklarhet. Oavsett vad du försöker åstadkomma bör du ha en plan. Du bör ha en affärsplan. I NFL får ungefär sju huvudtränare sparken varje säsong. Så i en mycket konkurrensutsatt bransch anställdes en man utan erfarenhet av huvudtränarskap av NFL:s Philadelphia Eagles. Hans namn var Andy Reid. Andy Reid skulle senare bli den mest framgångsrika tränaren i lagets historia. En av anledningarna till att ägaren anställde honom var att han hade en affärsplan i storlek med en telefonbok. Din affärsplan behöver inte vara lika stor, men om du planerar för så mycket som möjligt är det mindre troligt att du blir upprörd när saker och ting inte går som planerat.

STEG #7 RÄTT LICENSER OCH TILLSTÅND

Gå till stadshuset och ta reda på vad du behöver göra för att starta ett hemföretag.

Att komma igång med verksamheten

STEG #8 SKAPA EN WEBBPLATS, VÄLJA VISITKORT, BREVPAPPER, BROSCHYRER

Det här är ett av de billigaste sätten att inte bara starta ett företag utan också att marknadsföra och bygga upp ett nätverk för företaget.

STEG #9 ÖPPNA ETT CHECKKONTO FÖR FÖRETAG

Att ha ett separat företagskonto gör det mycket lättare att hålla reda på vinst och utgifter. Detta kommer att vara praktiskt, oavsett om du bestämmer dig för att göra dina egna skatter eller hyra ut en professionell.

STEG #10 VIDTA NÅGON FORM AV ÅTGÄRD IDAG!

Detta är inte avsett att vara en heltäckande plan för att starta ett företag. Det är tänkt att peka dig i rätt riktning för att komma igång. Du kan gå till Small Business Administration för många gratis resurser för att starta ditt företag. De har till och med ett program (SCORE) som ger dig tillgång till många pensionerade yrkesverksamma som kommer att ge dig råd gratis!
Deras webbplats: **www.score.org**

Kapitel 6
Bästa sättet att skriva en Affärsplan

Hur man skriver en affärsplan

Miljontals människor vill veta vad som är hemligheten med att tjäna pengar. De flesta har kommit till slutsatsen att det är att starta ett företag. Så hur startar man ett företag? Det första du gör för att starta ett företag är att skapa en affärsplan.

En affärsplan är en formell redogörelse för en uppsättning affärsmål, skälen till att de anses vara uppnåeliga och planen för att nå dessa mål. Den kan också innehålla bakgrundsinformation om den organisation eller det team som försöker nå dessa mål.

En professionell affärsplan består av åtta delar.

1. Sammanfattning

Den verkställande sammanfattningen är en mycket viktig del av din affärsplan. Många anser att det är den viktigaste eftersom denna del av din plan ger en sammanfattning av det aktuella läget för ditt företag, vart du vill ta det och varför den affärsplan du har gjort kommer att bli en framgång. När du ansöker om medel för att starta ditt företag är sammanfattningen en chans att få uppmärksamhet från en eventuell investerare.

Hur man skriver en affärsplan

2. Beskrivning av företaget

Företagsbeskrivningen i din affärsplan ger en översiktlig genomgång av de olika aspekterna av ditt företag. Detta är som att lägga din hisspitch i en kort sammanfattning som kan hjälpa läsare och möjliga investerare att snabbt förstå målet med ditt företag och vad som gör att det sticker ut, eller vilket unikt behov det kommer att fylla.

3. Marknadsanalys

Marknadsanalysdelen av din affärsplan bör gå in i detalj på din branschs marknad och monetära potential. Du bör visa på detaljerad forskning med logiska strategier för marknadspenetration. Kommer du att använda låga priser eller hög kvalitet för att penetrera marknaden?

4. Organisation och ledning

Organisations- och ledningsavsnittet följer marknadsanalysen. Denna del av affärsplanen kommer att ha dina företags organisationsstruktur, typen av affärsstruktur för införlivande, ägande, ledningsgrupp och kvalifikationerna för alla som innehar dessa positioner inklusive styrelsen vid behov.

Hur man skriver en affärsplan

5. Tjänste- eller produktlinje

Delen Service- eller produktlinje i affärsplanen ger dig en chans att beskriva din tjänst eller produkt. Fokusera på fördelarna för kunderna mer än på vad produkten eller tjänsten gör. Till exempel, en luftkonditionering gör kall luft. Fördelen med produkten är att den kyler ner och gör kunderna mer bekväma oavsett om de kör i stötfångare till stötfångare eller är sjuka och sitter på ett v å r d h e m . Luftkonditioneringsapparater fyller ett behov som kan innebära skillnaden mellan liv och död. Använd det här avsnittet för att ange vilka som är de viktigaste fördelarna med din produkt eller tjänst och vilket behov den fyller.

6. Marknadsföring och försäljning

Att ha en beprövad marknadsföringsplan är en viktig del av framgången för alla företag. Idag dominerar onlineförsäljningen marknaden. Presentera en stark marknadsföringsplan för internet samt en plan för sociala medier. YouTube-videor, Facebook-annonser och pressmeddelanden kan alla vara en del av din marknadsföringsplan för internet. Att dela ut flygblad och visitkort är fortfarande ett effektivt sätt att nå ut till potentiella kunder.

Använd denna del av din affärsplan för att ange din förväntade försäljning och hur du kom fram till den siffran. Gör din forskning på liknande företag för eventuell statistik över försäljningssiffror.

Hur man skriver en affärsplan

7. Ansökan om finansiering

När du skriver avsnittet om finansieringsansökan i din affärsplan, se till att vara detaljerad och ha dokumentation för kostnaden för leveranser, byggnadsutrymme, transport, omkostnader och marknadsföring av ditt företag.

8. Finansiella prognoser

Nedan följer en lista över de viktigaste finansiella rapporterna som ska ingå i ditt affärsplanpaket.

Historisk finansiell data

Din historiska finansiella data skulle vara kontoutdrag, balansräkningar och eventuella säkerheter för ditt lån.

Framtida finansiell information

Avsnittet om finansiell data i affärsplanen ska visa din potentiella tillväxt inom din bransch, med en prognos för åtminstone de kommande fem åren.

Du kan ha månads- eller kvartalsvisa prognoser för det första året. Gör sedan prognoser från år till år.

Inkludera en nyckeltals- och trendanalys för alla dina finansiella rapporter. Använd färgglada diagram för att förklara positiva trender, som en del av avsnittet om finansiella prognoser i din affärsplan.

Hur man skriver en affärsplan

Bilaga

Bilagan ska inte vara en del av huvuddelen av affärsplanen. Den ska endast tillhandahållas om det finns behov av att känna till den. Din affärsplan kan ses av många människor och du vill inte att viss information ska vara tillgänglig för alla. Långivare kan behöva sådan information, så du bör ha en bilaga redo för säkerhets skull.

Bilagan skulle innehålla:

Kredithistorik (privat och företag) CV:n

för nyckelpersoner i ledande

ställning Produktbilder

Referensbrev Detaljer om

marknadsstudier

Relevanta tidningsartiklar eller bokreferenser

Licenser, tillstånd eller patent

Juridiska dokument

Kopior av

hyresavtal

Hur man skriver en affärsplan

Bygglov Kontrakt

Förteckning över företagskonsulter, inklusive advokat och revisor

Håll reda på vem du låter se din affärsplan.

Inkludera en ansvarsfriskrivning för privat placering. En Private Placement Disclaimer är en private placement memorandum (PPM) är ett dokument som huvudsakligen fokuserar på de möjliga nackdelarna med en investering.

Kapitel 7
Företagsförsäkringar

FÖRETAGSFÖRSÄKRING

Rådgör med en advokat i alla dina affärsfrågor.

I början av 1990-talet köpte e n äldre kvinna en varm kopp kaffe i McDonald's drive-thru-fönster i Albuquerque. Hon spillde ut kaffet och fick brännskador av tredje graden. Hon stämde Mcdonald's och vann. Hon vann 2,7 miljoner dollar i en straffskadeståndsseger. Domen överklagades och förlikningen uppskattas till någonstans i närheten av 500.000 dollar. Allt för att hon spillde kaffet i knät när hon försökte tillsätta socker och grädde.

Två män i Ohio var mattläggare. De brännskadades allvarligt när en 3,5-litersbehållare med mattlim antändes när varmvattenberedaren som den stod bredvid sattes på. De ansåg att varningsetiketten på baksidan av burken var otillräcklig. De stämde därför tillverkaren av limmet och fick ett skadestånd på nio miljoner dollar.

En kvinna i Oklahoma köpte en helt ny Winnebago. När hon körde hem den ställde hon in farthållaren på 70 miles per timme. Hon lämnade sedan förarsätet för att koka kaffe eller göra en smörgås i baksätet på husbilen.

FÖRETAGSFÖRSÄKRING

Fordonet kraschade och kvinnan stämde Winnebago för att inte ha informerat henne om att farthållaren inte kör och styr fordonet. Hon vann 1,7 miljoner dollar och företaget var tvunget att skriva om sin instruktionsbok.

Tyvärr är alla tre skandalösa stämningar verkliga. Om du ska driva ett företag, vilket företag som helst, bör du överväga att skydda dig med en professionell ansvarsförsäkring, även känd som Errors and Omissions (E & O) -försäkring.

Denna typ av försäkring kan hjälpa till att skydda dig från att behöva betala hela kostnaden för att försvara dig mot ett skadeståndskrav på grund av vårdslöshet.

Error and Omissions kan skydda dig mot krav som vanligtvis inte täcks av vanlig ansvarsförsäkring. Dessa försäkringar täcker vanligtvis kroppsskada eller skada på egendom. Fel och försummelser kan skydda dig mot vårdslöshet och annan mental ångest som felaktig rådgivning eller felaktig framställning. Brottsligt åtal täcks inte.

Fel- och ansvarsförsäkring rekommenderas för notarius publicus, fastighetsmäklare eller investerare och yrkesgrupper som: mjukvaruingenjörer, advokater, heminspektörer, utvecklare av webbplatser och landskapsarkitekter för att nämna några yrken.

FÖRETAGSFÖRSÄKRING

De vanligaste kraven på fel och försummelser:

%25 Brott mot förvaltningsskyldighet

%15 Avtalsbrott

%14 Försumlighet

%13 Underlåtenhet att övervaka

%11 Olämplighet

%10 Övriga

FÖRETAGSFÖRSÄKRING

Saker du bör veta om eller kräva innan du köper en försäkring för fel och underlåtenhet är ...

* Vad är ansvarsbegränsningen

* Vad är självrisken?

* Inkluderar det FDD First Dollar Defense - som förpliktar försäkringsbolaget att bekämpa ett fall utan en självrisk först.

* Har jag Tail-end coverage eller Extended Reporting Coverage (försäkring som varar till pensioneringen)

* Utökad täckning för anställda

* Cyberansvarsförsäkring

* Arbetsmarknadsdepartementet Förvaltarskydd

* Täckning av insolvens

Om du har en försäkring mot fel och försummelser ska du förnya den samma dag som den löper ut. Du måste vara noga med att undvika luckor i din täckning, annars kan det leda till att du inte får din försäkring förnyad.

FÖRETAGSFÖRSÄKRING

Ett fåtal E & O Försäkringsbolag:

Försäkring

Insureon uppger att deras medianförsäkring för fel och försummelser kostar cirka $ 750 per år eller cirka $ 65 per månad. Priset kommer naturligtvis att variera beroende på ditt företag, den policy du väljer och andra riskfaktorer.

https://www.insureon.com/home

EOforless

EOforless.com hjälper yrkesverksamma inom försäkring, investering och fastigheter att köpa E & O-försäkring till en överkomlig kostnad på fem minuter eller mindre.

https://www.eoforless.com/

FÖRETAGSFÖRSÄKRING

CalSurance Associates

Som en ledande försäkringsmäklare har CalSurance Associates, en division av Brown & Brown Program Insurance Services, Inc. över femtio års erfarenhet av att leverera omfattande försäkringsprodukter, exceptionell service och beprövade resultat till över 150 000 försäkrade. De tillhandahåller professionella över hela landet och i flera branscher, inklusive några av de största finansföretagen och försäkringsbolagen i USA.

http://www.calsurance.com/csweb/index.aspx

Bättre säker än ledsen

Försäkring är en av de dolda kostnaderna för att göra affärer. Detta är bara några få företag och en kort översikt över ämnet företagsförsäkring. Se till att prata med en advokat eller en kvalificerad försäkringsagent innan du fattar något beslut om försäkring. Skydda dig och ditt företag. Många stater kräver inte E & O-försäkringar. Men när man ser kostnaderna för vissa av förlikningarna är det bättre att ta det säkra före det osäkra.

Kapitel 8 Guldgruva av statliga bidrag

Hur man skriver ett vinnande förslag till bidrag

Guldgruva av statliga bidrag

Statliga bidrag. Många människor tror antingen inte att statliga bidrag existerar eller så tror de inte att de någonsin skulle kunna få statliga bidragspengar.

Låt oss först klargöra en sak. Statliga bidragspengar är **DINA PENGAR**. Regeringens pengar kommer från skatter som betalas av invånare i detta land. Beroende på vilken delstat du bor i betalar du skatt på nästan allt....Fastighetsskatt för ditt hus. Fastighetsskatt på din bil. Skatter på de saker du köper i köpcentret eller på bensinstationen. Skatter på din bensin, maten du köper etc.

Så få dig själv i tankesättet att du inte är ett välgörenhetsfall eller för stolt för att be om hjälp, eftersom miljardärföretag som GM, Big Banks och det mesta av Corporate America inte tvekar att få sin del av **DIN PENGAR!**

Det finns över tvåtusen trehundra (2.300) federala statliga stödprogram. Vissa är lån men många är formelbidrag och projektbidrag. För att se alla tillgängliga program, gå till:

https://beta.sam.gov/help/assistance-listing

SKRIVA EN ANSÖKAN OM BIDRAG

De grundläggande komponenterna i ett förslag

Det finns åtta grundläggande komponenter för att skapa ett gediget förslagspaket:

1. Sammanfattning av förslaget;

2. Introduktion av organisation;

3. Problemformuleringen (eller behovsbedömning);

4. Mål för projektet;

5. Projektmetoder eller design;

6. Utvärdering av projektet;

7. Framtida finansiering; och

8. Projektets budget.

SKRIVA ETT FÖRSLAG TILL BIDRAG

Sammanfattning av förslaget

Förslagssammanfattningen är en översikt av projektets mål och syften. Håll förslagssammanfattningen kort och kärnfull. Inte mer än 2 eller 3 stycken. Placera den i början av förslaget.

Inledning

I introduktionsdelen av ditt bidragsförslag presenteras du och ditt företag som en trovärdig sökande och organisation.

Lyft fram organisationens prestationer från alla källor: tidnings- eller online-artiklar etc. Inkludera en biografi över viktiga medlemmar och ledare.
Ange företagets mål och filosofi.

Problemformuleringen

Problemformuleringen klargör det problem som du ska lösa (kanske minska hemlösheten).
Se till att använda fakta. Ange vem och hur de berörda kommer att gynnas av att problemet löses. Ange exakt på vilket sätt du kommer att lösa problemet.

SKRIVA ETT FÖRSLAG TILL BIDRAG

Projektets mål

Avsnittet Projektmål i ditt bidragsförslag fokuserar på målen och det önskade resultatet.

Se till att identifiera alla mål och hur du ska nå dessa mål. Ju mer statistik du kan hitta för att stödja dina mål, desto bättre.
Se till att sätta upp realistiska mål. Du kan komma att bedömas utifrån hur väl du lyckas med det du sa att du tänkte göra.

Metoder och utformning av program

Avsnittet om programmets metoder och utformning i ditt bidragsförslag är en detaljerad handlingsplan.

Vilka resurser som kommer att användas. Vilken personal som kommer att behövas.

Systemutveckling.

Skapa ett flödesschema över projektets funktioner. Förklara vad som kommer att uppnås.

Försök att ta fram bevis på vad som kommer att uppnås.

SKRIVA ETT FÖRSLAG TILL BIDRAG
Gör ett utkast över programdesignen.

SKRIVA ETT FÖRSLAG TILL BIDRAG
Utvärdering

Det finns produktutvärdering och processutvärdering. Produktutvärderingen handlar om resultatet som relaterar till projektet och hur väl projektet har uppfyllt sina mål.

Processutvärderingen handlar om hur projektet genomfördes, hur det överensstämde med den ursprungliga planen och den övergripande effektiviteten i de olika aspekterna av planen.

Utvärderingar kan påbörjas när som helst under projektets gång eller vid projektets slut. Det är lämpligt att lämna in en utvärderingsdesign i början av ett projekt.

Det ser bättre ut om du har samlat in övertygande data före och under programmet.

Om utvärderingsdesignen inte presenteras i början kan det uppmuntra till en kritisk granskning av programdesignen.

Framtida finansiering

Den del av ansökan som avser framtida finansiering bör innehålla en långsiktig projektplanering som sträcker sig längre än bidragsperioden.

SKRIVA ETT FÖRSLAG TILL BIDRAG

Budget

Hushållsel, hyra av utrustning, personal, löner, mat, transporter, telefonräkningar och försäkringar är bara några av de saker som ska ingå i budgeten.

En väl genomarbetad budget tar hänsyn till varje krona.

För en komplett guide för statliga bidrag, googla

katalog över federalt inhemskt bistånd. Du kan ladda ner en fullständig PDF-version av katalogen.

Andra källor till statlig finansiering

Du kan få allmänna småföretagslån från regeringen. Gå till Small Business Administration för mer information.

SBA:s program för mikrolån

Mikrolåneprogrammet ger lån på upp till 50.000 dollar med ett genomsnittligt lån på 13.000 dollar.

https://www.sba.gov/

SKRIVA ETT FÖRSLAG TILL BIDRAG

Nyligen tilldelades miljardären Elon Musk 4,9 miljarder dollar i statliga subventioner. Om du är tveksam till att söka statligt stöd, låt det sjunka in. En miljardär som betalar lite i skatt fick miljarder av dina skattepengar.

Statliga bidrag är verkliga. Som med allt annat som är värt att få finns det ansträngningar och kvalifikationer som måste uppfyllas för att få dem.

Kapitel 9
Kolossala kontanter från Crowd Funding

Crowd Funding Crowd Sourcing

År 2015 samlades över 34 miljarder dollar in genom crowdfunding. Crowdfunding och Crowdsourcing har sina rötter sedan 2005 och hjälper till att finansiera projekt genom att samla in pengar från ett stort antal människor, vanligtvis med hjälp av internet.

Denna typ av insamling eller riskkapital har vanligtvis tre komponenter. Individen eller organisationen med ett projekt som behöver finansiering, grupper av människor som donerar till projektet, och en organisation sätter upp en struktur eller regler för att sätta ihop de två.

Dessa webbplatser tar ut avgifter. Standardavgiften för framgång är cirka %5. Om ditt mål inte uppfylls tillkommer också en avgift.

Nedan följer en lista över de bästa Crowdfunding-webbplatserna enligt mig själv och Entrepreneur Magazine Contributor Sally Outlaw.

Crowd Funding Crowd Sourcing

https://www.indiegogo.com/

Det började som en plattform för att få filmer gjorda och hjälper nu till att samla in pengar för alla ändamål.

http://rockethub.com/

Det började som en plattform för konst, men nu hjälper den till att samla in pengar till företag, vetenskap, sociala projekt och utbildning.

http://peerbackers.com/

Peerbackers fokuserar på att samla in pengar till företag, entreprenörer och innovatörer.

https://www.kickstarter.com/

Den mest populära och välkända n av alla crowdfunding-webbplatser. Kickstarter fokuserar på film, musik, teknik, spel, design och kreativ konst. Kickstarter accepterar endast projekt från USA, Kanada och Storbritannien.

Crowd Funding Crowd Sourcing

Grupp Growvc

http://group.growvc.com/

Denna webbplats är avsedd för affärs- och teknikinnovation.

https://microventures.com/

Få tillgång till ängelinvesterare. Den här webbplatsen är för nystartade företag.

https://angel.co/

En annan webbplats för nystartade företag.

https://circleup.com/

Circle up är för innovativa konsumentföretag.

https://www.patreon.com/

Om du startar en YouTube-kanal (rekommenderas starkt) kommer du ofta att höra talas om den här webbplatsen. Den här webbplatsen är för kreativa innehållspersoner.

Crowd Funding Crowd Sourcing

https://www.crowdrise.com/

"Samla in pengar till alla ändamål som inspirerar dig." Landningssidans slogan talar för sig själv. #1 webbplats för insamling av pengar för personliga ändamål.

https://www.gofundme.com/

Denna insamlingswebbplats möjliggör affärer, välgörenhet, utbildning, nödsituationer, sport, medicinsk, minnesmärken, djur, tro, familj, nygifta etc ...

https://www.youcaring.com/

Ledande inom gratis insamlingar. Över 400 miljoner dollar insamlade.

https://fundrazr.com/

FundRazr är en prisbelönt insamlingsplattform online som har hjälpt tusentals människor och organisationer att samla in pengar
för ändamål som de bryr sig om.

Kapitel 10
Marknadsföring Hur man når en miljard människor gratis!

Hur man når en miljard människor gratis!

Att marknadsföra ditt kaféföretag är avgörande för dess framgång. I dagens affärsmiljö behöver marknadsföring inte vara dyr. Med sociala medier och stora sökmotorer som Google och YouTube kan du få ditt företag framför miljontals människor utan att det kostar en förmögenhet.

MARKNADSFÖRING TILL NOLLKOSTNADSPRIS

Även om det finns många sätt att marknadsföra kommer vi bara att fokusera på ZERO COST MARKETING. Du startar upp. Du kan alltid gå till de dyrare sätten att marknadsföra efter att ditt företag har producerat inkomst.

GRATIS WEBBHOTELL

Skaffa en gratis webbplats. Du kan få en gratis webbplats på weebly.com eller wix.com. Eller skriv bara "gratis webbhotell" i en google-, bing- eller yahoo-sökmotor.

Gratis webbhotell är något du kan använda för en mängd olika eller skäl. Men många gratis webbhotellwebbplatser lägger till en förlängning av namnet på din webbadress som låter alla veta att du använder deras tjänster. Av denna anledning vill du så småningom skala upp när du börjar tjäna pengar.

Hur man når en miljard människor gratis!

LÅG KOSTNAD FÖR BETALT WEBBHOTELL

Gratis är trevligt, men du när du behöver utöka ditt företag är det bäst att gå med en betald webbhotellstjänst. Det finns flera som ger dig bra värde för under $ 10.00 per månad.

1. Yahoo småföretag

2. Intuit.com

3. ipage.com

4. Hostgator.com

5. Godaddy.com

Yahoo småföretag tillåter obegränsade webbsidor och är förmodligen det bästa övergripande värdet, men de kräver ett års betalning i förväg. Intuit tillåter månatliga betalningar.

För gratis e-handel på din webbplats, öppna ett Paypal-konto och få HTML-koden för betalningsknappar gratis. Lägg sedan in dessa knappar på din webbplats.

Hur man når en miljard människor gratis!

Steg 1 noll kostnad internetmarknadsföring

Nu när din webbplats är igång bör du registrera den hos åtminstone de tre största sökmotorerna. 1. Google 2. Bing 3. Yahoo.

Steg 2 noll kostnad internetmarknadsföring

Skriv och skicka in ett **pressmeddelande**. Google "gratis pressmeddelandesidor" för pressmeddelandesidor som gör att du kan sammanfatta pressmeddelanden gratis. Jag vet inte hur man skriver ett pressmeddelande gå till www.fiverr.com och underleverantör arbetet för endast $ 5,00 !!!

Steg 3 noll kostnad internetmarknadsföring

Skriv och skicka in artiklar till webbplatser för artikelmarknadsföring **som ezinearticles.com.**

Steg 4 noll kostnad internetmarknadsföring

Skapa och skicka in videor till videodelningssajter som dailymotion.com **eller youtube.com.** Se till att inkludera en hyperlänk till din webbplats i beskrivningen av dina videor.

Steg 5 noll kostnad internetmarknadsföring

Skicka in din webbplats till **dmoz.org**. Det här är en stor öppen katalog som många mindre sökmotorer använder för att få webbplatser till sin databas.

Hur man når en miljard människor gratis!

YouTube har över en miljard användare. Du kanske redan har en YouTube-kanal och är bra på att göra videor. Men om du inte är bekant med hur man gör videor och laddar upp dem till YouTube kan du gå till en webbplats som heter....

fiverr

https://www.fiverr.com/

https://goo.gl/R9x7NU

https://goo.gl/B7uF4L

https://goo.gl/YZ6VdS

https://goo.gl/RoPurV

På fiverr kan du få en YouTube-video skapad snabbt och enkelt för endast 5,00 USD.
    (för närvarande tillkommer även en serviceavgift på 1 USD)

Så för mindre än en biobiljett kan du ha en reklamfilm för din fastighet eller ditt företag igång 24 timmar om dygnet 7 dagar i veckan.

När videon har laddats upp måste du veta hur du får människor att se din video. Det är där SEO-sökmotoroptimering kommer in.

Hur man når en miljard människor gratis!

Få din video att synas

YouTube läser all interaktion som tittaren tar med din video som ett tecken på att din video är intressant. Så en tumme upp eller gilla kommer att öka rankningen av din video.

Tittarnas kommentarer kan öka en video i sökrankingen. Så ett tips för att få en tittare att lämna en kommentar är att säga "Jag är nyfiken på vad du tycker om (infoga ämne). Ett annat sätt att få tittarkommentarer är att skapa en video om vapenlagar, rasrelationer, aborträtt eller något annat kontroversiellt ämne.

YouTube kan skicka ett meddelande till alla dina prenumeranter varje gång du laddar upp en video. Så ju fler prenumeranter du har, desto större chans att din video kommer att få visningar, och visningar hjälper till att rangordna videon högre i YouTube-sökresultaten.

Att få dina tittare att dela en länk till sina sociala medier är det som gör att vår video blir viral. Bra eller underhållande innehåll är nyckeln. Det skadar inte heller att helt enkelt be tittaren att göra det.

I stället för att säga samma sak i varje video kan du skapa en "close"-video och ladda upp den på YouTube. Sedan kan du använda YouTube-redigeraren för att lägga till den i alla videor du laddar upp.

Hur man når en miljard människor gratis!

Sökmotoroptimering (SEO) är den term som används för de tekniker som används för att driva trafik till din video. Många använder taktik som strider mot YouTube-reglerna för att driva trafik till sina videor. Dessa kallas "Black Hat". Det finns gott om webbplatser där du kan köpa visningar till dina videor. Jag skulle råda dig att hålla dig borta från alla möjliga oetiska taktiker. Få dina åsikter organiskt.

Du kan starta din video med bra trafik genom att skicka den i en länk till alla de personer som du regelbundet skickar e-post till.

Googles sökordsverktyg

Du börjar din SEO genom att använda Googles sökordsverktyg. Gå till

https://adwords.google.com/KeywordPlanner

När du väl är där skriver du in ditt rotnyckelord eller din sökordsfras. Google kommer då att ge dig cirka 700-1200 resultat som den tycker är relevanta för ditt ursprungliga nyckelord eller fras. Att välja rätt sökord för din video är nyckeln till att kunna ranka dina videor.

Hur man når en miljard människor gratis!

Så här väljer du dina nyckelord

När du har dina 700 resultat kan du sortera resultaten efter relevans. Detta ger dig en stor chans att rankas för det ursprungliga sökordet eller frasen som du angav.

Du kan sortera dina resultat efter konkurrens. Du kan välja nyckelord eller fraser med låg konkurrens för att öka dina chanser att bli rankade. Låg konkurrens har vanligtvis färre sökningar "per månad", men en kombination av några rankningar kan ibland vara bättre än att bara få ett sökord att rankas.

Artikelmarknadsföring

Ezine Articles är en av de bästa webbplatserna för artikelmarknadsföring på internet. Du kan gå med gratis på http://ezinearticles.com/. När du har gått med på webbplatsen kan du ladda upp artiklar till den här webbplatsen som är relevanta för din YouTube-video. Ezine gör att du kan placera en länk i din artikel. Länken kan gå tillbaka till din YouTube-trafik och dramatiskt öka vyerna.

När du skriver din artikel bör du försöka matcha din YouTube-video så mycket som möjligt. Använd samma rubriker, titlar och beskrivning så mycket som möjligt. YouTube och Google älskar relevans.

Hur man når en miljard människor gratis!

Din artikel bör innehålla mellan 700 och 800 ord. Det här är ungefär den storlek som många bloggar föredrar. När din artikel har laddats upp på Ezine-artiklar kan den plockas upp av vilken webbplats som helst i världen. Jag hade en gång en artikel om marknadsföring av fotografering som plockades upp av nästan 800 bloggar runt om i världen. Många av dem lämnade länken placerad i artikeln, och det gjorde det möjligt för massor av trafik att dras till mina videor eller webbplats.

Alla bloggar är inte etiska och många kommer att ta bort din länk för att behålla trafiken på sin webbplats. Många kommer också att ersätta din länk med sin egen. Du vet inte förrän du försöker.

Pressmeddelanden

Ett av de mest kraftfulla sätten att öka trafiken till dina videor är att skriva och skicka in ett pressmeddelande. Om du aldrig har skrivit ett pressmeddelande ska du inte bli skrämd. Du kan gå till en webbplats www.fiverr.com och få ett pressmeddelande skrivet för bara $5.00!

Om du vill skriva pressmeddelandet själv får du här några tips.

Grundformatet är 3 stycken på en sida, för omedelbar publicering. Såvida det inte rör sig om ett datum som en helgdag, då du kanske vill att redaktören ska skjuta upp utgivningen.

Hur man når en miljard människor gratis!

Rubriken ska vara uppseendeväckande. Om du inte får redaktörens uppmärksamhet kommer resten av pressmeddelandet inte att läsas. Gå in på webbplatser för p r e s s m e d d e l a n d e n och titta på pressmeddelanden som har publicerats och studera rubrikerna och det korrekta formatet.

När du har utformat din rubrik skriver du tre stycken. Det första stycket är en kort sammanfattning av vad din berättelse handlar om. "Men jag har så mycket att berätta att jag inte kan sammanfatta det i ett kort stycke." Det revolutionära kriget har massor av fantastiska historier.
Hela 2-timmarsfilmer har gjorts om det. Här är en beskrivning i två meningar av dessa händelser. De framtida kolonierna i USA stred mot britterna. Kolonierna vann!

Stycke två är beskrivningar av din berättelse. Håll det i form av en nyhetshistoria. Försök inte sälja i ditt pressmeddelande. Underhållningsshow är bra på att ta med en kändis, göra små tagningar och sedan avsluta intervjun med en tonhöjd eller plugg för deras produkt eller sak ...

Stycke tre är din uppmaning till handling. "För mer information om hur man kan hjälpa offren för dipsy-doodle-itis ring 555-1212 eller klicka på den här länken."

De flesta webbplatser för pressmeddelanden tillåter dig att placera minst en länk i ditt pressmeddelande.

Hur man når en miljard människor gratis!

Här är en lista över de fem bästa gratis webbplatserna för pressmeddelanden:

De bästa webbplatserna för gratis

pressmeddelanden

https://www.prlog.org

https://www.pr.com

https://www.pr-inside.com

https://www.newswire.com

https://www.OnlinePRNews.com

Hur man når en miljard människor gratis!

Webbplatser för sociala medier

När du laddar upp dina videor till YouTube bör du kommentera och gilla din egen v i d e o. När du gillar din egen video kommer YouTube att ge dig möjlighet att länka videon till kraftfulla webbplatser för sociala medier. Så du måste gå med på dessa webbplatser innan du laddar upp dina videor. Nedan följer en lista över några av de webbplatser för sociala medier som du bör gå med på. När du länkar dina videor till dessa webbplatser skapar det en bakåtlänk till en högt rankad webbplats, som i sin tur faktorer i YouTube och Googles algoritm för vilken video som anses vara relevant och mest populär.

Webbplatser för sociala medier

https://www.facebook.com

https://www.tumbler.com

https://www.pinterest.com

https://www.reddit.com

https://www.linkedin.com/

http://digg.com/

https://twitter.com

https://plus.google.com/

Hur man når en miljard människor gratis!

Slutligen är en av de mest framgångsrika marknadsföringsmetoderna som används idag "Permission Marketing". Det är där du får en potentiell kund att ge dig sin e-postadress och därmed tillåtelse att marknadsföra dem.

Du behöver en plattform för marknadsföringsautomation och en e-postmarknadsföringstjänst. Dessa företag lagrar och skickar ut dina e-postmeddelanden.

Getresponse, MailChimp och Aweber är några av de mer populära autoresponder-företagen för e-postlagring.

För att bygga upp en e-postlista måste du vanligtvis erbjuda en gratis produkt, rapport eller bok i utbyte mot e-postadressen. Sedan skickar du dem till en webbsida som fångar upp och lagrar e-postadressen.

Kapitel 11
HUNDAVEL WEBBRESURS GUIDE

Rolodex över resurser för webbgrossister

När denna bok skrivs har alla företag nedan en webbplats och bedriver en aktiv verksamhet. Från tid till annan går företag ur drift eller ändrar sin webbadress. Så istället för att bara ge dig bara 1 källa ger jag dig mycket att välja mellan.

Hunduppfödningstillbehör

http://goo.gl/R9DDto

http://www.valleyvet.com/c/pet-supplies/dog-uppfödning-leveranser.html

http://www.breederssupply.com/

http://www.atozvetsupply.com/Breeder-supplies-s/20.htm

https://www.exodusbreeders.com/

Organisationer

http://www.adbadogs.com/p_home.asp

http://www.arba.org/ http://www.iwdba.org/

Komplett lista över erkända hundraser

http://www.akc.org/dog-breeds/

Hundträningstillbehör

http://www.dog-training.com/

http://www.roverpet.com/

http://www.dogsupplies.com/

http://www.petwholesaler.com/index.php

http://www.happytailsspa.com/

http://www.futurepet.com/

http://www.petmanufacturers.com/

http://www.k9bytesgifts.com/

http://www.kingwholesale.com/

http://www.upco.com/

CERTIFIERINGSPROGRAM

http://www.ccpdt.org/

https://apdt.com/join/certification/

Hundinformation
www.rainbowridgekennels.com

TRANSPORT
Begagnade lastbilar/CARS online

http://gsaauctions.gov/gsaauctions/gsaauctions/

http://www.ebay.com/motors

http://www.uhaul.com/TruckSales/

http://www.usedtrucks.ryder.com/vehicle/VehicleSearch.aspx?VehicleTypeId=1&VehicleGroupId=3

http://www.penskeusedtrucks.com/truck-types/light- och medeltungt/

Delar

http://www.truckchamp.com/

http://www.autopartswarehouse.com/

Cyklar & Motorcyklar

http://gsaauctions.gov/gsaauctions/aucindx/

http://www.bikesdirect.com/products/used-bikes/?gclid=CLCF0vaDm7kCFYtDMgodzW0AXQ

http://www.overstock.com/Sports-Leksaker/Cykling/450/katt.html

http://www.nashbar.com/bikes/TopCategories_10053_10052_-1

http://www.bti-usa.com/

http://evosales.com/

Datorer/kontorsutrustning

http://www.wtsmedia.com/

http://www.laptopplaza.com/

http://www.outletpc.com/

Verktygssatser för datorer

http://www.dhgate.com/wholesale/computer+repair+tools.html

http://www.aliexpress.com/wholesale/wholesale-reparation-datorverktyg.html

http://wholesalecomputercables.com/Computer-Repair-Tool-Kit/M/B00006OXGZ.htm

http://www.amazon.com/Wholesale-Computer-Repair-Skruvmejsel-Insert/dp/B009KV1MM0

http://www.tigerdirect.com/applications/category/category_tlc.asp?CatId=47&name=Computer%20Tools

Datortillbehör

http://www.laptopuniverse.com/

http://www.sabcal.com/

övriga http://www.nearbyexpress.com/

http://www.commercialbargains.co

http://www.getpaid2workfromhome.com

http://www.boyerblog.com/success-tools

american merchandise liquidators

http://www.amlinc.com/

Closeout-klubben

http://www.thecloseoutclub.com/ RJ

rabatt försäljning

http://www.rjsks.com/

St louis grossist

http://www.stlouiswholesale.com/

Partihandel med elektronik

http://www.weisd.com/

ana grossist

http://www.anawholesale.com/

kontor grossist

http://www.1-computerdesks.com/

1aaa grossistvaror

http://www.1aaawholesalemerchandise.com/ big lots grossist http://www.biglotswholesale.com/

Fler resurser för företag

1. http://www.sba.gov/content/starting-green-verksamhet

hemmabaserade företag

2. http://www.sba.gov/content/home-based-verksamhet

3. online-företag

http://www.sba.gov/content/setting-online-business

4. egenföretagare och oberoende uppdragstagare

http://www.sba.gov/content/self-employed-oberoende uppdragstagare

5. minoritetsägda företag

http://www.sba.gov/content/minority-owned- företag

6. företag som ägs av veteraner

http://www.sba.gov/content/veteran-service-funktionshindrad-veteran-ägd

7. kvinnoägda företag

http://www.sba.gov/content/women-owned-företag

8. personer med funktionsnedsättning

http://www.sba.gov/content/people-with-disabilities

9. unga entreprenörer

http://www.sba.gov/content/young-entrepreneurs

Slutligen, om du gillade den här boken, ta dig tid att dela dina tankar och skriv en recension på Amazon. Det skulle vara mycket uppskattat!

Tack så mycket,

Brian Mahoney

Du kanske också är intresserad av:

Hur man får pengar för att starta småföretag:

Hur man får massiva pengar från Crowdfunding, statliga bidrag och statliga lån

Av Ramsey Colwell

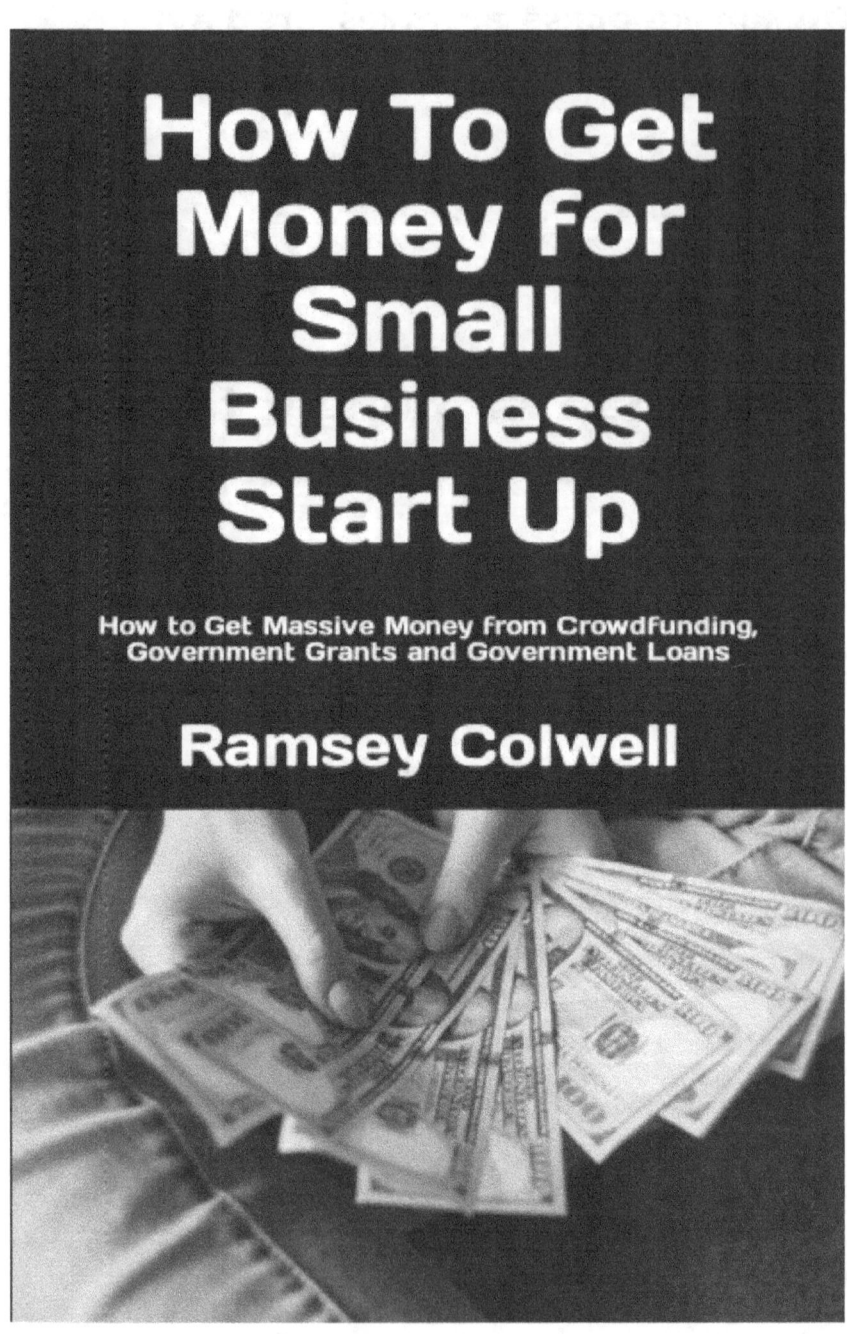

Av Ramsey Colwell

www.ingramcontent.com/pod-product-compliance
Lightning Source LLC
LaVergne TN
LVHW012027060526
838201LV00061B/4500